Inhaltsverzeichnis

Liebe Erzieherinnen, liebe Erzieher,

der goldene Herbst und die kalte Jahreszeit bieten viele stimmungsvolle Momente, die die Kinder bei Spaziergängen durch den Herbstwald, beim Blättersammeln, Schneemannbauen oder Schlittenfahren erleben können. Um diese Stimmungen auch in den Gruppenräumen einzufangen, schmückt man Fenster und Räume mit themenbezogenen Dekorationen.
Die Projekte und Anregungen in diesem Heft sind für Kinder verschiedener Altersstufen gedacht. Selbst die Kleinsten können sie mit der Unterstützung eines Erwachsenen leicht nacharbeiten. Die Materialangaben zu Beginn eines jeden Projektes dienen als Orientierung. Viele der Materialien können aber auch durch andere ersetzt oder neu kombiniert werden. Die Vorlagen am Ende des Ideenheftes dienen als Hilfestellung. Um die eigene Kreativität zu fördern, können Motivteile aber auch selbst entworfen und Projekte abgewandelt werden.
Ich wünsche Ihnen viel Freude und kreative Momente beim herbstlichen Gestalten und winterlichen Dekorieren Ihrer Gruppenräume.

Ihre Andrea Wegener

Für jedes Projekt ist jeweils rechts oben auf der Seite der **Zeitaufwand** angegeben. Da die feinmotorischen Fähigkeiten bei Gleichaltrigen unterschiedlich weit entwickelt sein können, können die Zeitangaben abweichen. Längere Einheiten können in Etappen durchgeführt werden – möglicherweise an aufeinanderfolgenden Tagen. Diese Etappen werden durch zwei oder mehr Uhren angegeben.

Bei jedem Projekt wird zudem das **Startalter** der Kinder empfohlen.

Auch die **Sozialform** wird bei jedem Projekt angegeben: Einige Bastelvorschläge werden in **Einzelarbeit** gefertigt, manche in **Partnerarbeit mit anderen Kindern,** andere in **Partnerarbeit mit einer Erzieherin** und einige als **Gruppenprojekt**.

Hinweis zum Einsatz einer Nagelschere
Zum Ausschneiden filigraner Teile eignet sich eine feine Nagelschere. Ältere Kinder können das Schneiden allein bewältigen, jüngere benötigen möglicherweise Hilfe dabei.
Beim Schneiden sollten die Kinder aber niemals unbeaufsichtigt sein!

zu den Kopiervorlagen ab Seite 44:
Bitte kopieren Sie die Motive ggf. hoch.

Hinweis:
Aus Gründen der besseren Lesbarkeit wird im Folgenden auf eine sprachliche Differenzierung der weiblichen und männlichen Bezeichnungen verzichtet. Da die Erzieher in Kindertageseinrichtungen zumeist weiblich sind, haben wir uns hier für die weibliche Form entschieden. Selbstverständlich sind stets beide Geschlechter angesprochen.

Blätter im Wind (1)

Material

weißes Filterpapier oder Filtertüten, Herbstblätter von verschiedenen Laubbäumen, Pastellkreide in Herbstfarben, ein kleines Schälchen mit Speiseöl, Pinsel, alte Zeitungen, dünnes Garn, ein dicker Katalog oder ein altes Telefonbuch, Kinderschere, Stopfnadel, dünner Ast, Klebefilm

Motivgröße

Blätter: 7 x 7 cm bis 13 x 11 cm

Förderziele

- einheimische Laubbäume kennenlernen und benennen
- Zuordnung der Laubblätter zu den verschiedenen Baumarten
- Kennenlernen der Technik „Frottage"
- Förderung der Feinmotorik durch exaktes Ausschneiden der Blattformen

Vorarbeit

Bei einem Herbstspaziergang mit der Gruppe sammeln die Kinder Blätter von verschiedenen Laubbäumen. Gewellte Blätter können sie in einen dicken Katalog oder ein altes Telefonbuch legen. Bereits nach 15 Minuten sind sie so glatt, dass sie für eine Frottage weiterverwendet werden können.

Anleitung

1. Die Naht der Filtertüte wird zunächst aufgeschnitten, so erhält man zwei Teile.

2. Eines der Laubblätter wird so unter das Filterpapier gelegt, dass es komplett bedeckt ist. Die weiteren Schritte erfolgen am besten in Partnerarbeit. Ein Kind presst das weiße Papier auf das Laubblatt, damit dieses nicht verrutschen kann. Das andere Kind streicht mit der breiten Seite einer Pastellkreide solange über das Papier, bis sich die Strukturen des Blattes auf dem Filterpapier darstellen. Man kann auch mehrere herbstliche Farben der Pastellkreide benutzen. Dann wechseln die beiden Kinder ihre Rolle.

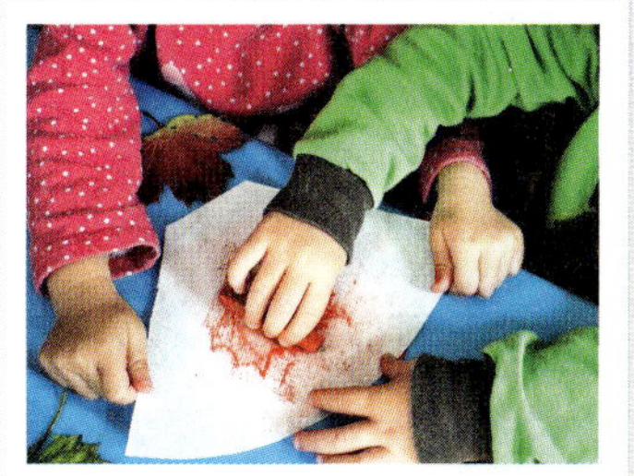

3. Die Blätter werden so ausgeschnitten, dass der farbige Rand der frottierten Blätter noch zu sehen ist.

BVK KI95 • Andrea Wegener • Kita kreativ: Kunterbunte Kita-Räume – Herbst & Winter

ab 3

Blätter im Wind (2)

4. Dann bestreichen die Kinder ihre Blätter mit Hilfe des Pinsels mit Speiseöl. Dadurch werden sie transparent und leuchten, wenn die Herbstsonne am Fenster hindurchscheint. Wenn das Filterpapier das Öl aufgesaugt hat, presst man die Blätter zwischen neuen Zeitungspapieren, um das überschüssige Öl zu entfernen.

5. Mit Hilfe von Klebefilmstreifen werden die Blätter am Fenster oder an der Wand befestigt. Wenn sie beweglich sein sollen, fädelt man mit Hilfe einer Stopfnadel einen Faden durch das Papier, verknotet die Enden und hängt die Blätter freischwebend an einem dünnen Ast auf.

Tipp
Papier, das mit Öl bestrichen wurde, ist leicht entzündlich. Diese Technik eignet sich deshalb nicht zum Basteln von Laternen oder Windlichtern!

Fröhliche Blumenkinder (1)

Material

12–15 Laubblätter, farbiges Tonpapier in DIN A5, Kinderschere, Becher oder Tasse (als Schablone), Holzstab / Zweig (ca. 25 cm lang) leere Toilettenpapierrolle, Bierdeckel, ein Becher Vogelsand, Bastelfarben, Pinsel, Bastelkleber, schwarzer Filzstift, weißer Marker, etwas Moos, dickes Buch zum Beschweren

Motivgröße

38 x 15 cm

Förderziele

- Kennenlernen und Benennen von verschiedenen Laubblättern
- Nutzung eines Alltagsgegenstandes als Zeichenhilfe
- gleichmäßiges Anordnen der Laubblätter
- Förderung der Motorik durch Einfüllen von Sand in ein Gefäß
- Gestalten eines freundlichen Gesichts

Anleitung

1. Aus farbigem Tonpapier schneiden die Kinder zunächst zwei Kreise von ca. 8 cm Durchmesser aus. Als Schablone kann man einen Becher oder eine Tasse benutzen.

2. Die Kinder bestreichen die Kreisflächen mit Bastelkleber. Dann ordnen sie die Laubblätter wie bei einer Sonnenblume rundum auf dem Kleber an. Dabei sollten die Blätter zur Hälfte über den Rand des Tonpapierkreises überstehen. Ein Holzstab oder Zweig wird über die Mitte des Kreises platziert.

3. Nun legt man den zweiten Tonpapierkreis – mit der Klebefläche nach unten – auf die angeordneten Laubblätter, sodass die beiden Kreisflächen exakt übereinanderliegen. Mit den Handflächen pressen die Kinder die Kreise fest aufeinander. Zum Trocknen kann das Ganze mit einem dicken Buch beschwert werden.

4. Während die Blume trocknet, gestalten die Kinder den Blumentopf. Dazu schneiden sie eine Toilettenpapierrolle auf einer Seite rundum mehrmals ein und kleben sie senkrecht auf die Mitte eines Bierdeckels. Die Toilettenpapierrolle wird in einer kräftigen Farbe angemalt.

Fröhliche Blumenkinder (2)

5. Nach dem Trocknen bestreichen die Kinder den Bierdeckel mit Kleber und pressen kleine Stücke Moos darauf. Überstehende Teile können mit Hilfe einer Kinderschere in Form geschnitten werden.

6. Die Toilettenpapierrolle füllt man anschließend mit Sand.

7. Wenn die Blume aus Laubblättern getrocknet ist, malen die Kinder auf die Vorderseite des Papierkreises mit dem schwarzen Filzstift ein fröhliches Gesicht. Für die Augen kann zusätzlich ein weißer Marker verwendet werden.

8. Zum Schluss steckt man die Blume mit dem Holzstab in den „Sandblumentopf".

Tipp
Das Arrangement kann auch als kleines Präsent für Mama oder Papa genutzt werden.

Fröhliche Blumenkinder (3)

Kunterbunte Drachen (1)

Material

Vorlagebogen (s. S. 44), je ein Holzstäbchen in den Längen 16 cm und 10 cm, 2 Holzstäbchen je 12 cm, 2 Holzstäbchen je 7 cm, Bastelkleber, Bleistift, farbiges Transparentpapier, Kinderschere, weißes Tonpapier, ein 50 cm langer Faden, bunte Wolle, Buntstifte oder Filzstifte, Geschenkband, Wackelaugen, bunte Papierreste

Motivgröße

Kind mit Drachen: 60 x 12 cm

Förderziele

- Konstruktion eines Holzgerüstes für Drachen
- Zuschneiden von gleich langen Holzabschnitten
- farbenfrohe Ausgestaltung eines Papierdrachens
- Ausschneiden einer Papierraute
- farbige Gestaltung einer Figur

Anleitung

1. Zwei Holzstäbchen von 16 und 10 cm Länge werden in Form eines Kreuzes mit Bastelkleber aneinandergeklebt. Die Eckpunkte werden mit weiteren Holzstäben zu einer Raute verbunden und mit ein wenig Bastelkleber fixiert.

2. Nach dem Trocknen legen die Kinder die Raute auf farbiges Transparentpapier, zeichnen die Umrisse mit Bleistift nach und schneiden die Form aus.

3. Die Papierraute wird nun fantasievoll mit Hilfe von Stiften und ggf. Wackelaugen mit Mustern oder einem Drachengesicht gestaltet und auf der Holzraute festgeklebt.

Kunterbunte Drachen (2)

4. Für den Schwanz knoten die Kinder bunte Papierreste an einen Faden und kleben das eine Fadenende an den Drachen. Sie können auch bunte Geschenkbänder als Drachenschwanz festbinden.

5. Dann wird eine der Figuren vom Vorlagebogen auf weißes Tonpapier übertragen, ausgeschnitten und mit Hilfe von Buntstiften oder Filzstiften angemalt. Fantasievolle Kinder können sich auch selbst eine Figur ausdenken.

6. Zum Schluss knotet man einen 50 cm langen bunten Faden an das Holzkreuz des Drachens. Das andere Ende wird an die Hand des Kindes geklebt.

Tipps

- Konventionelle Holzstäbe sind meist rund. Für die Konstruktion des Drachens eignen sich besser flache Holzstäbe, da sie sich leichter aufeinanderkleben lassen. Die flachen, bunten Stäbe unserer Drachen stammen von bunten und naturfarbenen Tischsets, die auseinandergeschnitten wurden. Man kann auch naturfarbene Rührstäbchen für Heißgetränke verwenden.

- Mehrere „Drachenkinder" können als gesamtes Arrangement mit Hilfe von Klebefilm am Fenster oder als Wandbild befestigt werden.

Freundliche Waldpilze (1)

Material

Vorlagebögen (s. S. 44 / 45), weißer Tonkarton, Kinderschere, Bastel- oder Temperafarben, Pinsel, schwarzer Filzstift, Bastelkelber, Wattestäbchen, Wackelaugen, rote Pompons, Herbstblätter, ggf. alter Katalog oder Telefonbuch

Motivgröße

Pilze: 6 x 10 cm bis 13 x 16 cm
Pilzgruppe: 20 x 32 cm

Förderziele

- typisches Aussehen von Pilzen in Form und Farbe erkennen
- Förderung der Feinmotorik durch möglichst exaktes Ausschneiden der Pilzformen
- Anwendung der Kunstrichtung „Pointillismus" durch Tupfen mit Wattestäbchen oder Fingern
- Mischen verschiedener Grüntöne durch Zugabe von kleinen Mengen anderer Farben

Anleitung

1. Die Pilzhüte, Stiele und Rosetten werden vom Vorlagebogen auf weißen Karton übertragen und ausgeschnitten.

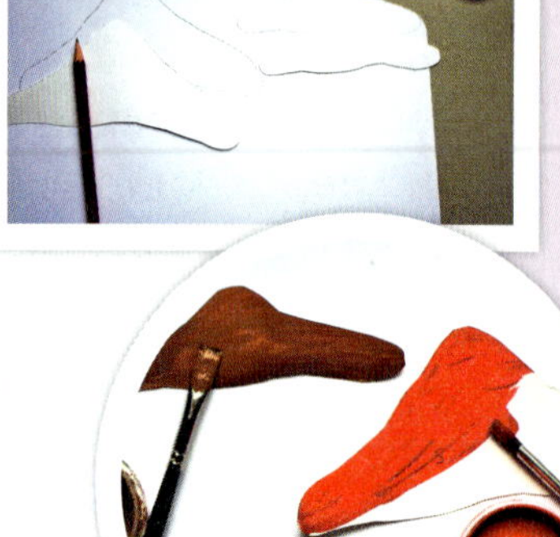

2. Dann bemalen die Kinder die Hüte mit roter oder brauner Farbe. **Tipp:** Unverdünnt deckt die Farbe am besten und lässt den Karton nicht zu sehr aufweichen.

3. Während die Pilze trocknen, überträgt man den Wiesen-Abschnitt vom Vorlagebogen auf weißen Karton. Die Kinder schneiden die Gräser aus. Dabei schneidet es sich leichter, wenn jeder Grashalm von der Spitze aus geschnitten wird.

4. Dann werden die Grashalme von den Kindern grün bemalt. Dabei können verschiedene Grüntöne verwendet oder gemischt werden.

Pilze

Wiese

ab 3

Freundliche Waldpilze (2)

5. Wenn die roten Pilze getrocknet sind, tupfen die Kinder mit einem Wattestäbchen oder mit den Fingern kleine, weiße Punkte auf die Pilzhüte.

6. Die Augen und die Nase malen die Kinder mit einem schwarzen Filzstift oder kleben Wackelaugen und einen roten Pompon als Nase auf.

7. Der Mund wird mit einem schwarzen Filzstift aufgemalt.

8. Schließlich werden alle Teile arrangiert und mit Bastelkleber aneinandergeklebt.

9. Zum Schluss kleben die Kinder einige gesammelte Laubblätter auf die Pilzwiese.

★ Tipp

Wenn sich der Karton beim Bemalen gewellt hat, kann man ihn nach dem Trocknen für kurze Zeit in einen alten Katalog oder ein Telefonbuch legen. Danach ist er wieder glatt.

Freundliche Waldpilze (3)

Gespenstische Landschaft (1)

Material

Vorlagebögen (s. S. 45–47), Tonkarton in Schwarz, Braun, Orange und Grau, Kinderschere, Bastelpapier in Weiß, Neongelb, Neongrün und Neonorange, Nagelschere, Cuttermesser, Bastelkleber, 2 Teller in unterschiedlichen Größen

Motivgröße

Spukschloss: 27 x 46 cm
Gespenster: 27 x 23 cm
Baum: 70 x 50 cm
Fledermäuse: 19 x 11 cm
Mumie: 19 x 16 cm
Mond: Ø 26 cm
Kürbisse: 9 x 9 cm
Katze: 11 x 14 cm

Förderziele

- Förderung des Gemeinschaftssinns durch gemeinsames Basteln (Gruppenarbeit)
- Übertragen einer Form mit Hilfe einer Papierschablone
- Schulung der Feinmotorik durch Ausschneiden von gebogenen und spitzen Formen
- Nutzung eines Alltagsgegenstandes (Teller) als Schablone bzw. Zeichenhilfe

Anleitung

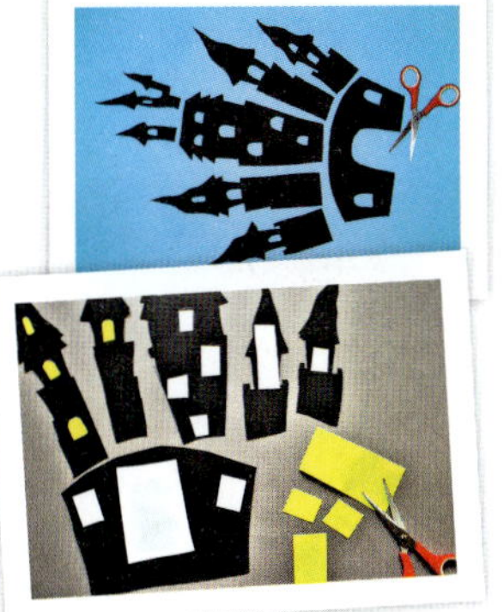

1. Zunächst übertragen die Kinder die einzelnen Türme und Bauteile des Spukschlosses vom Vorlagebogen auf schwarzen oder grauen Tonkarton und schneiden die einzelnen Elemente aus. Die Fenster werden mit einer Nagelschere ausgeschnitten. Aus neongelbem Papier schneiden die Kinder Rechtecke aus, die etwas größer sind als die Fenster, und kleben diese auf die Rückseite hinter die Fensteröffnung. Dann werden die einzelnen Bauteile arrangiert und aneinandergeklebt.

2. Für den Vollmond nutzen die Kinder zwei unterschiedlich große Teller als Zeichenhilfe. Die Kreise werden auf den schwarzen Tonkarton gezeichnet und ausgeschnitten. Den entstandenen Ring klebt man auf neongelbes Papier und schneidet den Überstand ab.

BVK KI95 • Andrea Wegener • Kita kreativ: Kunterbunte Kita-Räume – Herbst & Winter

Gespenstische Landschaft (2)

Schloss

andere Teile

ab 5

3. Die Umrisslinien der Gespenster und der Mumie werden vom Vorlagebogen übertragen und ausgeschnitten. Die Formen und Muster innerhalb der Figuren schneidet man mit einer Nagelschere oder einem Cuttermesser.
   Achtung: Dazu benötigen die Kinder die Hilfe eines Erwachsenen!
   Die ausgeschnittenen Öffnungen werden mit weißem Papier hinterlegt.

4. Dann schneiden die Kinder Kürbisse, Katze und Fledermäuse aus und kleben neonfarbenes Papier hinter die Augen und die übrigen ausgeschnittenen Öffnungen.

5. Ein knorriger Baum wird auf braunem Tonkarton gezeichnet und ausgeschnitten. (Sie können das Baummotiv vom Vorlagebogen nach Bedarf hochkopieren, auf den Tonkarton übertragen und dann ausschneiden.)
   Aus den Tonkartonresten schneiden die Kinder einige wellenartige Streifen, die als hügelige Landschaft angeordnet werden.

Schloss

andere Teile

ab 5

Gespenstische Landschaft (3)

Tipps

- Beim Anlegen der Zeichenhilfen und Schablonen auf dem Tonkarton und den Papieren sollten die Kinder zum sparsamen Verwenden des Materials angehalten werden.
- Das Spukschloss und alle anderen Gruselelemente können auch aus anderem farbigen Tonkarton gestaltet werden.

Gespenstische Landschaft (4)

Eulen bei Nacht (1)

Material

Vorlagebogen (s. S. 47), runde Bierdeckel, Bleistift, bunt gemustertes Geschenkpapier, brauner und grüner Tonkarton, farbige und weiße Tonkartonreste, Kinderschere, Bastelkleber, Paare von verschiedenen Laubblättern, Astscheiben, Stiele von Blättern oder kleine Laubblätter, knorrige Äste, Eicheln, Walnussschalen oder Maronen, schwarzer Filzstift, Klebefilm, Faden

Motivgröße

15 x 15 cm

Förderziele

- Kennenlernen der Merkmale von Eulen (große, nach vorn gerichtete Augen, „Eulengesicht", Ringe um die Augen, Federbüschel am Kopf, große Flügel)
- Schulung der optischen Wahrnehmung durch Suchen von paarweise gleichen Laubblättern
- Förderung der Feinmotorik durch exaktes Ausschneiden von Kreisen verschiedener Größe
- symmetrische Anordnung von Körperteilen

Anleitung

1. Zuerst zeichnen die Kinder mit Bleistift zwei Kreise auf buntes Geschenkpapier. Als Zeichenhilfe benutzen sie einen Bierdeckel. Die Kreise werden ausgeschnitten und einer davon auf die Oberseite des Bierdeckels geklebt.

2. Aus farbigen und weißen Tonkartonresten schneiden die Kinder je zwei Kreise mit Durchmesser ca. 5 cm und ca. 4 cm aus und kleben sie als Augen auf. Die Pupille und die Streifen auf den Augenringen werden mit einem schwarzen Filzstift gemalt.

Eulen bei Nacht (2)

3. Zwei möglichst gleich aussehende Laubblätter werden mit Hilfe von Bastelkleber rechts und links als Flügel angeklebt.

4. Eine Nussschale, Marone, Astscheibe oder Eichel dient als Schnabel.

5. Für die Beine der Eule verwenden die Kinder zwei Blattstiele oder zwei kleine Blätter. Sie werden auf der Rückseite des Bierdeckels mit Hilfe eines Streifens Klebefilm fixiert.

6. Zwei kleine Laubblätter am Kopf stellen die charakteristischen Federbüschel dar. Auch sie werden auf der Rückseite des Bierdeckels mit Klebefilm befestigt.

7. Zum Schluss kleben die Kinder den zweiten Geschenkpapierkreis mit Bastelkleber auf der Rückseite des Bierdeckels fest.

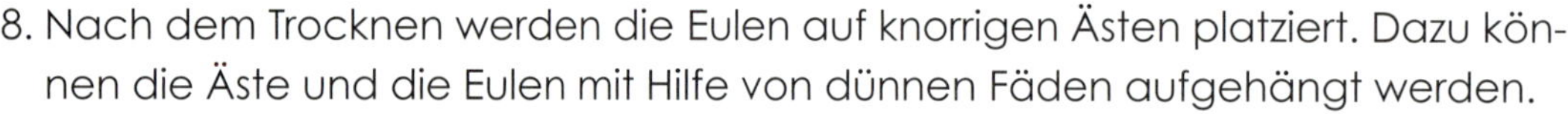

8. Nach dem Trocknen werden die Eulen auf knorrigen Ästen platziert. Dazu können die Äste und die Eulen mit Hilfe von dünnen Fäden aufgehängt werden.

   Für eine Dekoration am Fenster übertragen die Kinder die Äste und Blätter vom Vorlagebogen auf braunen bzw. grünen Tonkarton und schneiden diese aus. Für einen Baum benötigt man ca. sechs Äste und einen etwas breiteren, braunen Streifen als Stamm. Grüne Blätter werden vereinzelt an die Enden der Äste geklebt.

Tipp

Als Zeichenhilfe für Kreise eignet sich ein Röllchen Klebefilm. Kinderhände können das Röllchen gut festhalten. Mit einem Stift umfahren die Kinder den äußeren Rand. Für einen kleineren Kreis zeichnen sie entlang des inneren Randes.

Eulen bei Nacht (3)

Lustige Pinguine (1)

ab 3

Material

Vorlagebogen (s. S. 48), schwarzer und weißer Tonkarton, Kinderschere, orangefarbenes Tonpapier, weißes Zeichenpapier, Styropor® von der Rolle (Heizkörperreflexionsfolie aus dem Baumarkt), Wackelaugen, Bastelkleber, Bleistift, Musterklammern

Motivgröße

Pinguine: 27 x 12 cm und 27 x 19 cm
Eisscholle: 30 x 16 cm
Eisberg: 30 x 23 cm und 12 x 13 cm

Förderziele

- Pinguine und deren Lebensweise kennenlernen (leben am Südpol, können laufen, aufrechter Gang, können nicht fliegen usw.) *www.planet-wissen.de*, Suchbegriff „Pinguine" eingeben
- Körpermerkmale von Pinguinen erfassen (Schnabel, kurze Beine, breite Füße usw.)
- Üben von Schneidetechniken (Bögen, Spitzen, Dreiecke, Rauten usw.)

Anleitung

1. Jedes Kind überträgt mit Bleistift eine der Pinguinformen vom Vorlagebogen auf schwarzen Tonkarton und schneidet sie aus. Dabei können die Kinder zwischen Frontal- oder Profilansicht auswählen.

2. Dann wird das Kopf-Brust-Teil vom Vorlagebogen auf weißes Zeichenpapier übertragen, ausgeschnitten und an entsprechender Stelle auf den schwarzen Tonkarton geklebt. Da Tonkarton und Zeichenpapier beidseitig verwendbar sind, kann der Pinguin in Profilansicht nach rechts oder auch nach links schauen.

3. Eine Raute aus orangefarbenem Tonpapier wird zum Schnabel. Die Raute wird entlang der gestrichelten Linie gefaltet, an der Faltstelle mit Kleber bestrichen und im Gesicht des Pinguins festgeklebt.

BVK KI95 • Andrea Wegener • Kita kreativ: Kunterbunte Kita-Räume – Herbst & Winter

ab 3

Lustige Pinguine (2)

4. Bei den Pinguinen mit Profilansicht klebt man zwei Flügel aus schwarzem Tonkarton rechts und links des Körpers fest. Je nach Körperhaltung und Bewegung des Pinguins werden sie mit der Spitze nach oben oder nach unten geklebt.

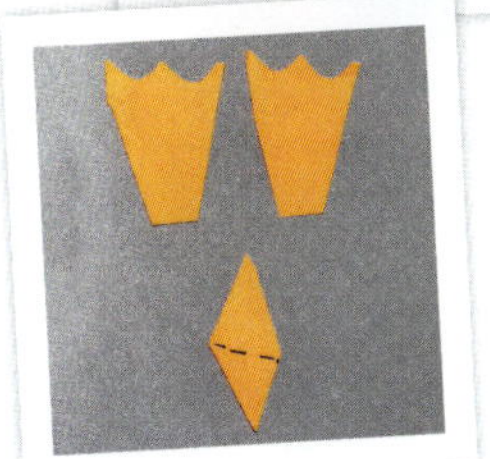

5. Aus orangefarbenem Tonpapier werden zwei Füße geschnitten. Faltet man das Tonpapier in der Mitte, erhält man beim Ausschneiden zwei identische Pinguinfüße. Diese werden an den Pinguinkörper festgeklebt.

6. Zum Schluss kleben die Kinder noch zwei Wackelaugen in das Gesicht des Pinguins.

7. Die Eisschollen werden mit Hilfe der Vorlage auf ein Stück dünnes Styropor® gezeichnet. Mit einer Kinderschere lassen sie sich prima ausschneiden.

8. Die Eisberge schneiden die Kinder aus weißem Tonkarton aus. Dann werden alle Teile als Antarktislandschaft arrangiert.

★ Tipp

Mit den Pinguinfiguren kann das Lied „Pitsch, patsch, Pinguin …" nachgespielt werden. Damit die Pinguine verschiedene Körperhaltungen einnehmen können, werden ihre Flügel mit Hilfe von Musterklammern befestigt. Dadurch sind sie beweglich und können je nach Körperhaltung gedreht werden.

Lustige Pinguine (3)

Tanzende Schneemänner (1)

Material

Vorlagebogen (s. S. 49), weißer Tonkarton, orangefarbene, braune und schwarze Tonkartonreste, 2 Rollen dunkelblaues Krepppapier, weiße Notizzettel 5 x 5 cm, Bastel- oder Temperafarben, Pinsel, Deckweiß, Pappteller, Kinderschere, Knöpfe, kleine Kieselsteine als Knöpfe und Augen, Pompons verschiedener Größe, Wackelaugen, Pfeifenputzer, Bastelkleber, Klebefilm

Motivgröße

Schneemann: 32 x 20 cm
Schneeflocke: 5 x 5 cm

Förderziele

- Mischen von Pastelltönen
- Anregung der Fantasie beim Erfinden von Mustern
- Ideen finden, andere Materialien einzusetzen (Kieselsteine, Knöpfe ...)
- Falt- und Schneidetechnik für einfache Schneeflocken erlernen
- geeignetes Arrangement für die Winterlandschaft finden (Schneemänner schauen sich an, Schneeflocken verteilen)

Anleitung

1. Die Schneemannfigur wird von den Kindern vom Vorlagebogen auf weißen Tonkarton übertragen und ausgeschnitten.
2. Die einzelnen Kleidungsstücke werden ebenso vom Vorlagebogen auf Tonkarton übertragen, ausgeschnitten und mit unverdünnten Farben angemalt. Dazu mischen die Kinder die ausgewählten Farben auf einem Pappteller mit Deckweiß. Aus rot wird rosa, aus blau wird himmelblau, aus gelb wird eine helle Vanillefarbe. Nach dem Trocknen werden die Kleidungsstücke mit Streifen, Pünktchen oder anderen Mustern versehen. Als Bommel klebt man einen Pompon an die Spitze der Zipfelmütze.

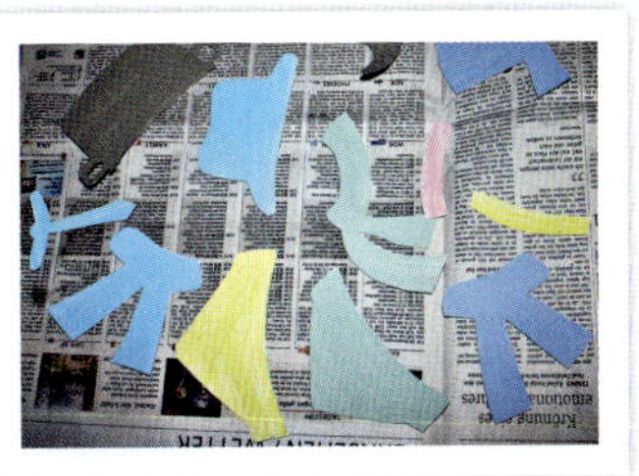

3. Für die Nase wird aus einem weißen Tonkartonrest ein spitzes Dreieck ausgeschnitten und als Karotte orangefarben angemalt.

Tanzende Schneemänner (2)

4. Als Augen kleben die Kinder kleine Kieselsteine, schwarze Kartonkreise oder Wackelaugen fest. Knöpfe oder kleine Kieselsteine machen das Outfit perfekt. Mit Pfeifenputzern und farblich passenden Pompons gestaltet man Ohrschützer.

5. Ein Besen entsteht aus braunen Tonkartonstreifen, die am oberen Ende eines ca. 18 cm langen braunen Tonkartonstreifens etwas ungeordnet festgeklebt werden.

6. Dann werden alle Teile arrangiert und aneinandergeklebt.

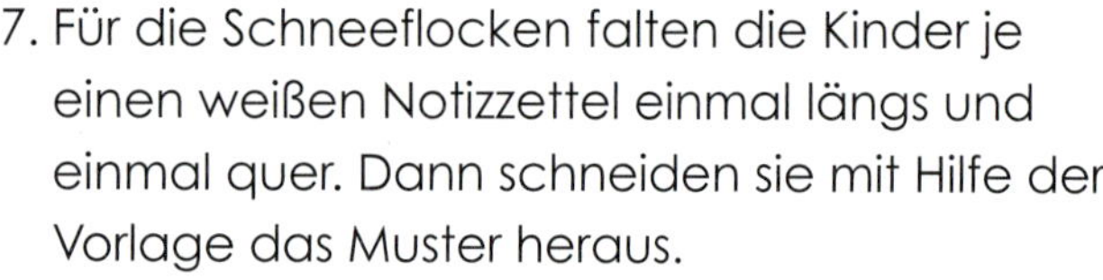

7. Für die Schneeflocken falten die Kinder je einen weißen Notizzettel einmal längs und einmal quer. Dann schneiden sie mit Hilfe der Vorlage das Muster heraus.

8. Als Hintergrund klebt man entsprechend der Fenstergröße mehrere Streifen dunkelblaues Krepppapier nebeneinander. Damit der Hintergrund faltenfrei ist, wird das Krepppapier mit durchsichtigem Klebefilm zuerst oben festgeklebt. Dann zieht man es straff und fixiert den unteren Rand mit Klebestreifen. Nun können die Schneemänner und Schneefrauen und auch die Schneeflocken auf dem Krepppapier platziert werden.

Tipp
Die pastellfarbenen Outfits der Schneemänner unterstreichen das winterliche Flair. Mützen und Schals können aber auch in kräftigen Farben bemalt werden.

Tanzende Schneemänner (3)

Glitzernde Kerzenkränze (1)

Material

Pappteller in verschiedenen Formen und Größen, Bastelfarben (Grundfarben u. a.), goldene Acrylfarbe, Pinsel, Bastelkleber, Tonkartonreste, goldenes Alupapier, Knöpfe, Perlen, Styropor®-kügelchen, Glitzersternchen, Moosgummisterne, Styropor®-herzen und -pilze, kleine Tannenzweige, Lärchenzapfen, farbiger Pfeifenputzer, Geschenkbänder, Glitzerpulver, Schleifennudeln, Muschelnudeln oder andere dekorative Nudelformen, dunkelgrüner Tonkarton, schwarzer Filzstift, Kinderschere, Nagelschere, Plastikdeckel von Einweg-Kaffeebechern

Motivgröße

Ø 10 bis 25 cm

Förderziele

- Kennenlernen von adventlicher Dekoration
- Grün als Sekundärfarbe aus Blau und Gelb kennenlernen und ausprobieren
- Schleife binden lernen
- Bastelmaterialien in Farbe und Form stimmig kombinieren
- Gestalten einer individuellen Dekoration

Anleitung

1. Zuerst wird von einem Pappteller die innere Kreisfläche ausgeschnitten, sodass nur der Tellerrand übrig bleibt.

2. Dann mischen die Kinder gelbe und blaue Farbe auf einem Teller zu einem kräftigen Grün. Dabei können sie für die gewünschte Mischung mit den Farben experimentieren.

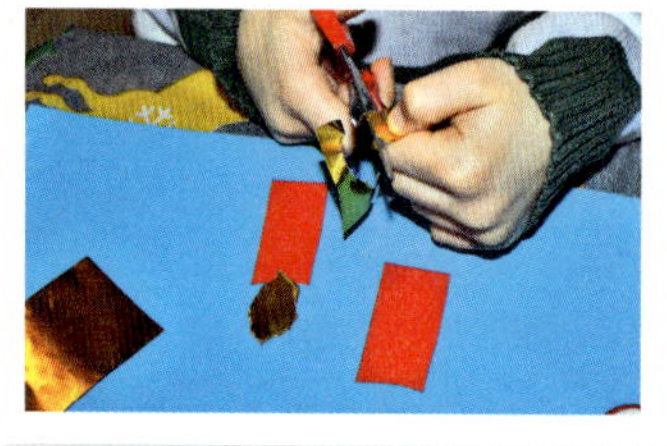

3. Während die Farbe trocknet, gestalten die Kinder Kerzen aus Tonkarton. Dazu werden bis zu vier Rechtecke ausgeschnitten. Wird nur eine Kerze für den Kranz gestaltet, kann diese bis zu 6 cm breit sein. Werden mehrere Kerzen gewählt, schneidet man sie entsprechend schmaler.
Als Flamme schneidet man goldenes Alupapier in Flammenform aus und klebt diese oben an den Rechtecken fest. Die Kerzen werden am unteren Rand des Kranzes arrangiert und mit Bastelkleber festgeklebt.

Glitzernde Kerzenkränze (2)

4. Zum Ausschmücken des Kerzenkranzes eignen sich die unterschiedlichsten Materialien. Tragen Sie mit den Kindern verschiedene Bastel- und Naturmaterialien sowie kleine weihnachtliche Dekorationsteile zusammen.
   Arrangieren Sie alles auf einem Tisch, sodass die Kinder frei auswählen können, mit welchen Teilen sie ihren Kranz schmücken möchten.

5. Pfeifenputzerabschnitte können zu Kringeln, Schleifen oder Zuckerstangen gebogen werden.

6. Schleifennudeln, Muscheln oder andere dekorative Nudelformen werden mit goldener Acrylfarbe bemalt.

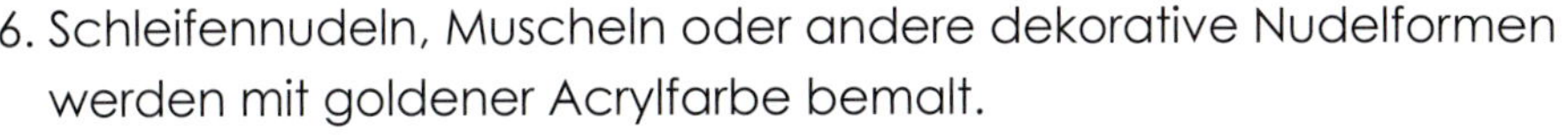

7. Aus dunkelgrünem Tonkarton gestalten die Kinder Tannenzweige. Dazu wird zunächst eine Blattform ausgeschnitten und mit schwarzem Filzstift ein Zweig längs über die Form gemalt. Dann deutet man Tannennadeln an, indem man den Tonkarton vom Rand bis zur Mitte auf beiden Seiten immer wieder einschneidet.

8. Zum Aufhängen schlingen die Kinder ein Geschenkband oder eine Kordel oben um den Kranz herum und verknoten die Enden miteinander. In Partnerarbeit binden sie aus dem gleichen Geschenkband bzw. der Kordel eine Schleife. Dazu hält ein Kind das Geschenkband in der Mitte fest, das andere Kind schlingt die Bänder zu einer Schleife. Dann wird getauscht.

9. Zum Schluss arrangieren die Kinder die ausgewählten Dekorationsteile und kleben sie rundum auf dem Kranz fest.

Tipp

Miniatur-Kerzenkränze lassen sich aus den Plastikdeckeln von Einweg-Kaffeebechern gestalten. Mit einer Nagelschere schneiden die Kinder die Innenfläche heraus und malen den Außenkreis an. Dann gestaltet man das Kränzchen mit kleinen Dekorationsteilen.

Glitzernde Kerzenkränze (3)

Festliche Tannenbäume (1)

Material

Vorlagebogen (s. S. 50), fester Karton (z. B. Recyclingkarton), Bleistift, Kinderschere, Tonkartonreste, farbiger Tonkarton, Tonkarton metallisiert, Moosgummi, Plätzchen-Ausstechförmchen, grüne Bastel- oder Temperafarbe, Pinsel, Wasserfarben, Glitzerpulver in verschiedenen Farben, Bastelkleber, Papier, bunte Pompons, etwas Watte, Klettklebepunkte oder Klettband

Motivgröße

großer Baum: 90 x 50 cm
kleiner Baum: 30 x 20 cm

Förderziele

- Kennenlernen von weihnachtlicher Tradition
- Gestaltung einer individuellen weihnachtlichen Dekoration
- Schulung von Farb- und Formgefühl (Kreis, Herz, Stern …)
- Förderung der Fantasie durch Entwicklung von Mustern
- Gemeinschaftssinn fördern durch Zusammenarbeit in Gruppen
- Erlernen von sparsamer Verwendung von Materialien (Glitzer, Kleber usw.)

Anleitung

1. Zuerst zeichnen die Kinder die Form eines Tannenbaums auf Karton. Dabei kann die Form vom Vorlagebogen übertragen oder aber von den Kindern selbst gezeichnet werden. Der Tannenbaum wird ausgeschnitten und mit grüner Bastelfarbe bemalt. Beim Ausschneiden von festem Karton benötigen die Kinder gegebenenfalls die Hilfe eines Erwachsenen.

2. Während die Farbe trocknet, wird der Baumschmuck gestaltet. Dabei sind der Fantasie keine Grenzen gesetzt: Kerzen, Christbaumkugeln, Glocken, Schneemänner, Fliegenpilze, Zuckerstangen und vieles mehr werden (mit Hilfe der Plätzchen-Ausstechförmchen) auf Tonkartonreste gezeichnet, ausgeschnitten und auf der Oberseite mit Wasserfarben bunt bemalt.

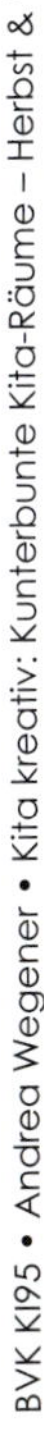

Festliche Tannenbäume (2)

3. Nach dem Trocknen kann der Baumschmuck mit etwas Glitzerpulver verziert werden. Dazu streichen die Kinder ein wenig Bastelkleber an die vorgesehene Stelle und streuen eine üppige Menge Glitzerpulver darüber. Das überschüssige Pulver wird auf einem Blatt Papier aufgefangen und in den Behälter zurückgefüllt.

4. Die Nikolausgesichter erhalten eine Nase aus einem Pompon und einen Bart aus Watte.

5. Auf die Rückseite der Baumschmuckteile klebt man je einen Klettklebepunkt. Die Gegenstücke zu den Klettpunkten werden auf der Fläche des Tannenbaums verteilt und dort ebenfalls festgeklebt. Nun können die Kinder ihren Christbaum schmücken, indem sie die Schmuckteile an die Klettpunkte pressen.

★ Gruppenarbeit

Ein großer Christbaum für den Gruppenraum oder die Eingangstür ist eine hübsche Weihnachtsdekoration und animiert die Kinder, den Baum immer wieder neu zu schmücken.

★ Tipp

Wer keine Klett-Klebepunkte zur Hand hat, kann Klettband als Meterware aus dem Baumarkt oder der Haushaltsabteilung verwenden. Es wird in 1,5 cm große Abschnitte zerteilt. Meist ist das Band selbstklebend.

Festliche Tannenbäume (3)

Weihnachtliche Krippe (1)

ab 5

Material

Vorlagebögen (s. S. 50/51), 3 Bögen schwarzer Tonkarton, Bleistift, Kinderschere, Nagelschere, Transparentpapier in verschiedenen Farben, Backpapier, weißes oder braunes Butterbrotpapier auf der Rolle, Bastelkleber, ggf. Bücher zum Beschweren

Motivgröße

komplette Krippe: 130 x 180 cm
Maria: 40 x 32 cm
Josef: 50 x 32 cm
Krippe mit Kind: 30 x 22 cm
Ochse: 50 x 32 cm
Esel: 40 x 33 cm
Schafe: 18 x 25 cm
Stern: 50 x 23 cm
Palmen: 90 x 80 cm

Förderziele

- Kennenlernen der Weihnachtsgeschichte
- bildliche Darstellung der Krippenszene
- Förderung der Feinmotorik durch Schneidetechnik
- Förderung des Gemeinschaftssinns durch Gestaltung einer gemeinsamen Dekoration
- Förderung der räumlichen Vorstellungskraft durch Anordnung der einzelnen Elemente

Anleitung

1. Die einzelnen Krippenfiguren werden vom Vorlagebogen auf die gewünschte Größe (komplett = 130 x 180 cm) vergrößert. Anschließend werden sie auf den schwarzen Tonkarton übertragen.

2. Die Kinder schneiden zunächst die Figuren und die anderen Teile entlang der Umrisslinien aus. Mit einer Nagelschere wird der Innenbereich von jeder Figur herausgeschnitten. Dazu ist ein wenig Geschick notwendig. Kinder, die noch unerfahren im Schneiden sind, sollten sich auf das Schneiden der Umrisslinien beschränken.

3. Dann bestreicht man die Tonkartonfigur entlang der Außenlinie mit Bastelkleber und presst das Transparentpapier darauf. Bei den Menschen können verschiedene Farben verwedet werden.

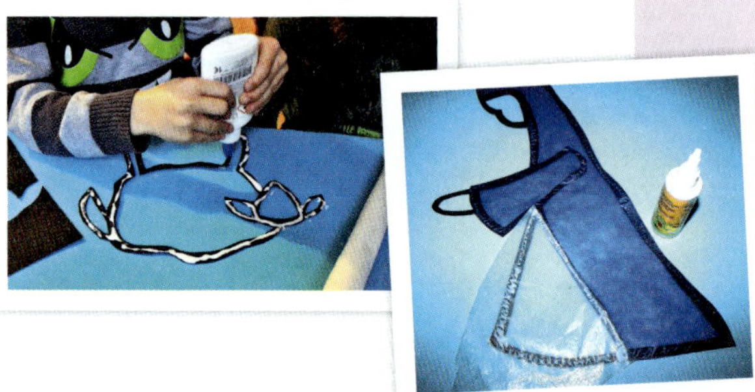

BVK KI95 • Andrea Wegener • Kita kreativ: Kunterbunte Kita-Räume – Herbst & Winter

pro Figur

ab 5

Weihnachtliche Krippe (2)

4. Das überstehende Transparentpapier wird abgeschnitten und die Figur zum Trocknen flach auf einen Tisch gelegt. Auf diese Weise werden alle Teile der Weihnachtskrippe gestaltet.

Tipp
Wenn sich die Figur zu sehr wellt, ist es ratsam, einige Bücher zum Beschweren daraufzulegen.

5. Für den Stall benötigt man fünf Streifen schwarzen Tonkarton der Größe 70 x 4 cm. Drei Streifen werden rechts, links und oben quer angeordnet, zwei weitere Streifen werden zu einem spitzen Dach aneinandergeklebt. Nun können die Krippe und die Figuren am Fenster oder auf einer hellen, einfarbigen Wand als Weihnachtsdekoration arrangiert werden.

Tipp
Das Farbspektrum an Transparentpapier ist begrenzt. Deshalb kann man auch Backpapier, das in verschiedenen Brauntönen erhältlich ist, sowie weißes Butterbrotpapier verwenden.

pro Haus

ab 4

Winterliche Stadt (1)

Material

Vorlagebögen (s. S. 52–54), 2 Bögen weißer Tonkarton, Bleistift, Kinderschere, Nagelschere, Motiv-Karton farblich Ton in Ton, weißes Butterbrotpapier, Transparentpapier in Weiß und in hellen Farben, Bastelkleber, Styropor®kugeln Ø 4 bis 10 mm, Garn, Nähnadel, dünner Bambusstab 1 m lang, kleine Holzkiste (z. B. Mandarinenkiste), Geschenkpapier in Weiß oder Pastellfarben, elektrische Teelichter oder kleine Lichterkette mit Batterie, weiße Acrylfarbe, Pinsel

Motivgröße

Häuser: 11 x 22 cm bis 16 x 27 cm
Kirche: 22 x 29 cm
Stadt: 100 x 80 cm
Baum: 22 x 12 cm

Förderziele

- fantasievolles Gestalten einer Stadt in Gruppenarbeit
- Begriffe aus der Architektur kennenlernen (Dach, Turm, Zwiebelturm, Dachfenster usw.)
- Förderung der Raumwahrnehmung (Was ist vorn, was ist hinten?)
- Ausschneiden von geometrischen Formen wie Kreis, Rechteck, Quadrat usw.

Anleitung

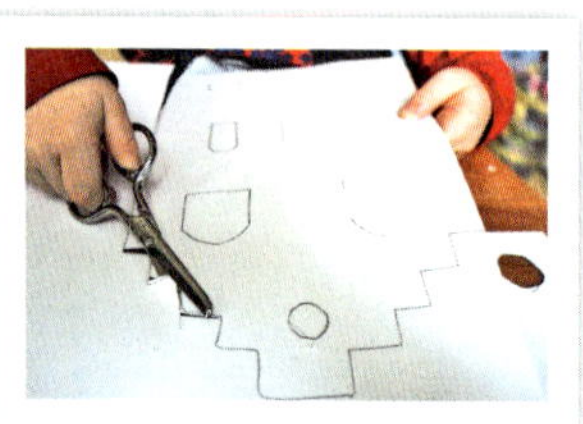

1. Zwei Kinder wählen eines der Häuser aus und übertragen es vom Vorlagebogen auf den weißen Tonkarton. Ein Kind hält die Vorlage fest, damit sie nicht verrutscht, das andere Kind zeichnet. Dabei ist zu empfehlen, die Vorlage auf der Rückseite des Tonkartons aufzuzeichnen, um Spuren des Stiftes auf der Vorderseite zu vermeiden. Das Ausschneiden erfolgt ebenfalls in Partnerarbeit. Zunächst schneidet das jüngere Kind die Umrisslinien des Hauses mit einer Kinderschere aus. Die filigranen Fenster und Türen werden mit Hilfe einer Nagelschere ausgeschnitten. Dies übernimmt das Kind, das im Schneiden schon etwas geschickter ist.

2. Dann kleben die Kinder auf der Rückseite Abschnitte von Butterbrotpapier oder weißem Transparentpapier über die Öffnungen von Fenstern und Türen. Die Abschnitte

BVK KI95 • Andrea Wegener • Kita kreativ: Kunterbunte Kita-Räume – Herbst & Winter

Bäume

Schnee

ab 4

Winterliche Stadt (2)

sollten auf allen Seiten etwa 0,5 cm größer sein als die Öffnungen. Sie werden rundum an Fenstern und Türen festgeklebt. Fenster, die nebeneinanderliegen und in der gleichen Farbe leuchten sollen, können mit einem größeren Stück Transparentpapier beklebt werden.

3. Tannenbäume und Sterne werden aufgezeichnet und ausgeschnitten.

4. Auf einen 40 cm langen Faden fädelt man mit Hilfe einer Nähnadel ca. 15 Styropor®kügelchen von unterschiedlicher Größe auf. Um ein Herausrutschen zu vermeiden, wird die erste Kugel festgeknotet. Das andere Ende der Kette knoten die Kinder an einen dünnen Bambusstab. Die Kügelchen werden gleichmäßig auf dem Faden verteilt. Mehrere Ketten werden nebeneinander an den Bambusstab geknotet und stellen das Schneegestöber dar.

5. Die Gebäude werden so arrangiert, dass mehrere Gebäude als Häuserfront nebeneinanderstehen, aber auch einige Häuser teilweise überdeckt werden.

Variation

Ein kleines Arrangement aus ein bis zwei Häusern kann als beleuchtete Dekoration den Raum zieren. Dazu bekleben die Kinder eine kleine Holzkiste rund um und innen mit Streifen aus weißem oder pastellfarbenem Geschenkpapier.
Alternativ kann die Kiste auch mit weißer Acrylfarbe bemalt werden.
Kleine Styropor®kügelchen, auf die Oberseite und den Kistenboden geklebt, stellen das Schneegestöber dar.
Die ausgeschnittenen Häuser werden auf der offenen Seite der Holzkiste platziert und am Rand mit etwas Bastelkleber festgeklebt.

Nach dem Trocknen stellt man zwei elektrische Teelichter oder eine kleine, batteriebetriebene Lichterkette hinter die Häuserfront. Sie lassen die Fenster und Türen in einem stimmungsvollen Licht erleuchten.

Tipps

Das Arrangement kann auch als hübsches Weihnachtsgeschenk für die Eltern genutzt werden.

BVK KI95 • Andrea Wegener • Kita kreativ: Kunterbunte Kita-Räume – Herbst & Winter

Winterliche Stadt (3)

- In Bastelläden und bei Discountern findet man preisgünstige Tonkarton-Blöcke mit verschiedenen Mustern, die farblich aufeinander abgestimmt sind.
- Wer es lieber farbig mag, ersetzt den weißen Tonkarton durch farbigen Musterkarton. Für Fenster und Türen verwendet man dann farbiges Transparentpapier in hellen Farbtönen.

Faschings-Polonaise (1)

ab 4

Material

Vorlagebögen (s. S. 55–60), weißes Tonpapier DIN A4, farbiges Tonpapier, kleingemustertes Geschenkpapier (z. B. mit Punkten, Streifen oder Karos), Bleistift, Kinderschere, Transparentpapier, Tonkarton metallisiert oder Alupapier, bunte Pompons, Styropor®kügelchen, Wackelaugen, Klebstoff, roter und schwarzer Filzstift, roter Wachsmalstift, Gold- oder Silberkordel, Pfeifenputzer, Tüllreste, bunte Borte, Seidenröschen oder andere Dekoblümchen, Knöpfe, Pailletten, Glitzersterne, bunte Federn, Locher, Stoffreste, 1 Cent-Stück

Motivgröße

30 x 18 cm

Förderziele

- Kennenlernen von Traditionen und Brauchtum (Fasching, Verkleiden, Tanzen, Polonaise usw.)
- eigenes Faschingskostüm bildnerisch umsetzen
- Übertragen von Schnittmustern vom Vorlagebogen
- Gestalten von fantasievollen Kostümen
- exaktes Ausschneiden der vorgezeichneten Schnittmuster

Anleitung

1. Zunächst übertragen die Kinder die Grundform vom Vorlagebogen auf weißes Tonpapier und schneiden sie aus.

2. Dann werden die einzelnen Teile des Kostüms entsprechend des Vorlagebogens aus buntem Geschenk- oder Musterpapier oder aus farbigem Tonpapier ausgeschnitten und auf die weiße Grundfigur aufgeklebt. Die Haarfrisur wird aus Ton- oder Transparentpapier gestaltet.

3. Danach kleben die Kinder zwei Wackelaugen und ein Styropor®kügelchen als Nase auf. Mund und andere Details werden mit Filzstiften gemalt. Auf die Wangen malt man mit einem roten Wachsmalstift kleine Kreise.

4. Zum Schluss wird die Fastnachtsfigur mit Knöpfen, Pailletten, Glitzersternchen oder Blümchen dekoriert.

Faschings-Polonaise (2)

ab 4

Clown

Sein Frack erhält eine farblich passende Tasche und eine Rückenschnalle. Als Nase dient ein roter Pompon. Der Hut (s. Vorlagen) wird mit einer Seidenblume, die Jacke mit kleinen Knöpfen oder farbigen Styropor®kügelchen geschmückt.

Indianer

Die bunten Muster auf der Borte an Ärmeln, am Hals und am unteren Rand des Indianeroberteils werden mit Filzstiften gemalt, ebenso die Kriegsbemalung im Gesicht des Indianers. Am Hinterkopf klebt man einige bunte Federn fest.

Pirat

Knöpfe und Ohrring des Piraten entstehen aus goldfarbenen Pailletten. Der Pirat benötigt nur ein Wackelauge, die andere Seite wird von einer Augenklappe aus Tonpapier verdeckt.

Faschings-Polonaise (3)

ab 4

Prinzessin

Für das Kleid der Prinzessin verwendet man glänzendes Geschenkpapier. Die Krone wird aus metallisiertem Tonkarton oder Alupapier geschnitten. Ein kleiner Tüllschleier ziert die glänzende Krone. Für das Röckchen wird ein Stück Tüll in Falten gelegt und am Papierkleid festgeklebt. Über die Klebestelle arrangiert man eine Kordel, Borte oder Dekoblümchen.

Hexe

Die Hakennase der Hexe wird aus einem orangefarbenen Pfeifenputzer gebogen. Als Stoffflicken schneiden die Kinder kleine, bunte Quadrate. Die Nähte an den Flicken werden mit Filzstift gezeichnet, ebenso wie die Fransen des Umhangs. Auf den Hexenhut klebt man kleine, bunte Glitzersterne.

Faschings-Polonaise (4)

Matrose

Der Matrosenanzug und die Kopfbedeckung werden aus gestreiftem Deko- oder Geschenkpapier gestaltet. Falls keines zur Hand ist, schneidet man das Oberteil aus weißem Tonpapier aus und malt die Streifen auf. Der Vollbart und die Augenbrauen werden aus braunen Tonpapierresten ausgeschnitten und an den entsprechenden Stellen aufgeklebt. Als Bommel auf dem Matrosenhut wird ein roter oder blauer Pompon festgeklebt.

Teufel

Ein roter Anzug mit schwarzem Gürtel ziert den Teufel. An seinem Hinterteil wird ein Schwanz mit schwarzem Dreieck am Ende festgeklebt. Die Teufelskappe hat eine Spitze in der Mitte der Stirn.

Minnie Maus

Das Kostüm besteht aus einem schwarzen Overall und einem in Falten gelegten Röckchen aus gepunktetem Geschenkpapier. Auch die Schleife und das kleine Herz auf dem Oberteil werden aus gepunkteten Papierresten ausgeschnitten. Als Schnäuzchen klebt man einen kleinen schwarzen Pompon fest. Die Schnurrhaare werden mit einem schwarzen Filzstift gezeichnet.

Faschings-Polonaise (5)

Biene

Die Biene trägt einen schwarzen Overall mit gelben Tonpapierstreifen. Die Flügel entstehen aus hellblauem Papier. Die Mütze mit den Fühlern entsteht aus schwarzem Tonpapier. Zwei gelbe Pompons werden ans Ende der Fühler geklebt.

Marienkäfer

Über dem schwarzen Overall trägt der Marienkäfer einen Flügelumhang aus rotem Tonpapier. Für die Punkte nutzt man ein 1-Cent-Stück als Schablone und zeichnet sie auf schwarzes Tonpapier. Die kleinen Punkte auf der Kappe werden mit einem Locher aus dem Tonpapier ausgestanzt.

Krokodil

Die grüne Jacke des Krokodils hat hinten eine lange Spitze. Kleine Dreiecke entlang des Rückens, am Ärmel und auf der Kopfbedeckung lassen das Krokodil gefährlich aussehen. Ein breites Maul mit vielen spitzen Zähnen wird mit Filzstiften aufgemalt. Als Nase wird ein kleiner, grüner Pompon festgeklebt.

Faschings-Polonaise (6)

Katze

Die Katze trägt einen graublauen Overall mit langem Schwanz. Die große Schleife am Hals wird aus einem farbigen Papierrest ausgeschnitten. Eine Kappe mit zwei kleinen Öhrchen verdeckt teilweise die Haarfrisur. Ein schwarzer Pompon als Nase und aufgemalte Schnurrhaare machen die Katze perfekt.

Zauberer

Aus blauem Tonpapier schneidet man einen Umhang mit passendem Zauberhut, die jeweils mit goldenen oder silbernen Glitzersternchen beklebt werden. Eine silberne Kordel als Hutband und eine als Verschluss für den Umhang schmücken das Outfit des Zauberers. Damit sich die Kordel nicht aufzwirbelt, sollten die Enden mit ein wenig Kleber bestrichen werden. Den Schnurrbart biegt man aus schwarzem Pfeifenputzer.

5. Die fertigen Figuren werden so arrangiert, dass die Hand von jeder Figur beim Vordermann auf der Schulter liegt. Auf diese Weise können zwei Menschenreihen entstehen: eine, die nach rechts läuft und eine, die nach links läuft. Beim Übertragen der Schnittmuster ist darauf zu achten, ob die Figur nach links oder rechts laufen soll. Entsprechend müssen auch die Schnittmuster der Kleidungsstücke möglicherweise umgedreht werden.
   Die Karnevalsfiguren können auch als Paar einen „Freundschaftstanz" machen. Zwei befreundete Kinder arrangieren ihre Figuren (eine linkslaufende und eine rechtslaufende) so, dass diese sich gegenüberstehen und ihre Hände beim Gegenüber auf der Schulter liegen.

Faschings-Polonaise (7)

Kopiervorlage „Kunterbunte Drachen“ (zu S. 8)

Kopiervorlage „Freundliche Waldpilze (1)“ (zu S. 10)

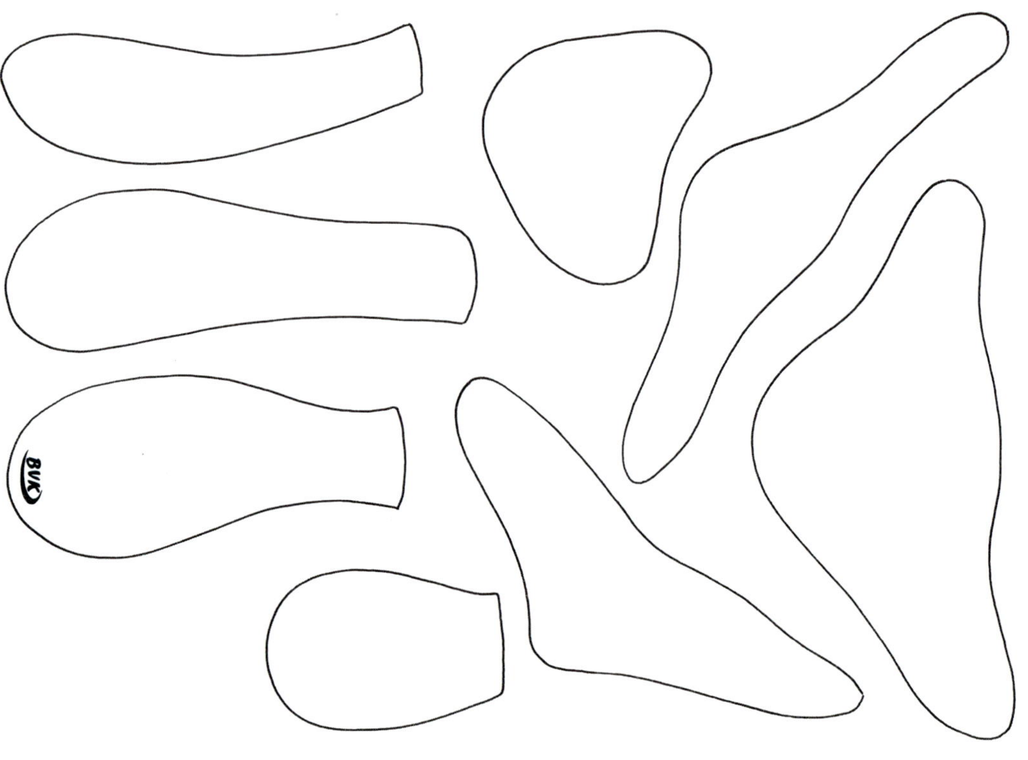

BVK KI95 • Andrea Wegener • Kita kreativ: Kunterbunte Kita-Räume – Herbst & Winter

Kopiervorlage „Freundliche Waldpilze (2)" (zu S. 10)

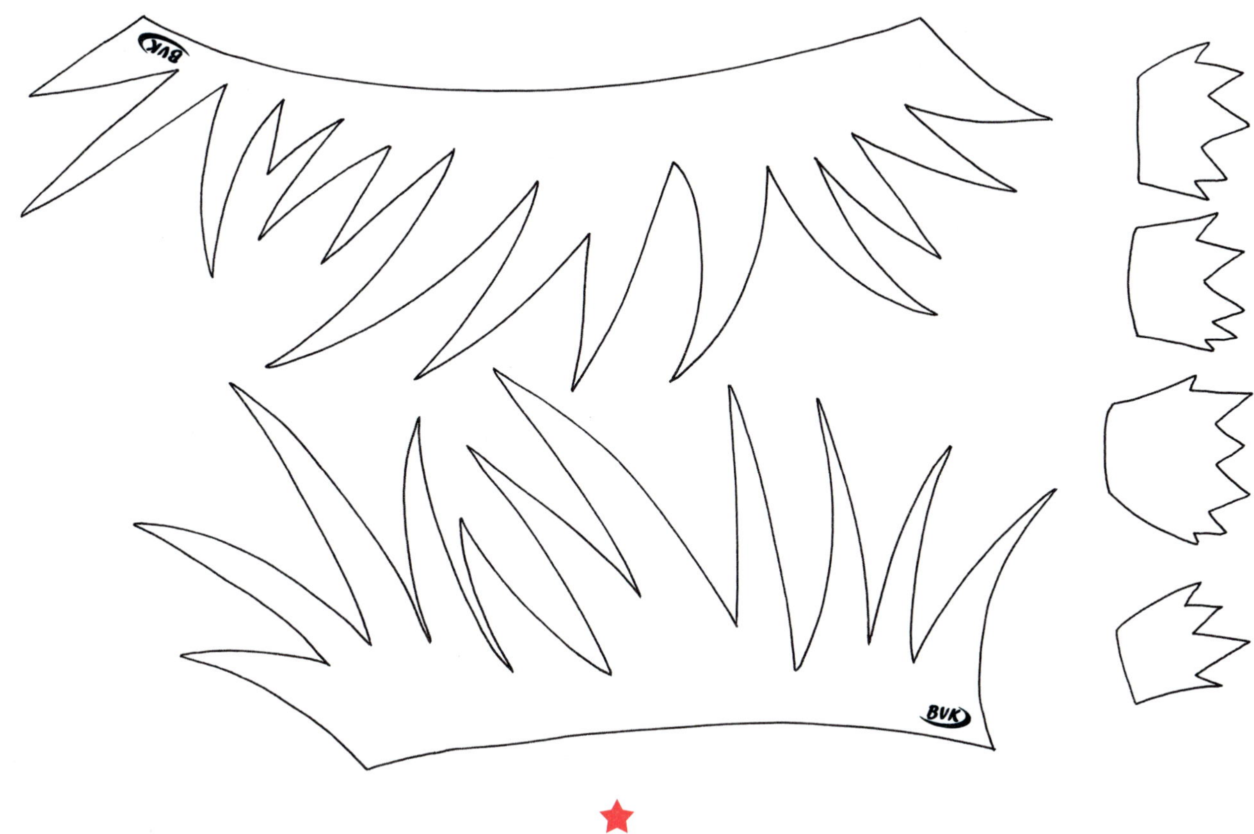

Kopiervorlage „Gespenstische Landschaft (1)" (zu S. 13)

Kopiervorlage „Gespenstische Landschaft (2)“ (zu S. 13)

BVK KI95 • Andrea Wegener • Kita kreativ: Kunterbunte Kita-Räume – Herbst & Winter

Kopiervorlage „Gespenstische Landschaft (3)“ (zu S. 13)

Kopiervorlage „Eulen bei Nacht“ (zu S. 17)

Kopiervorlage „Lustige Pinguine“ (zu S. 20)

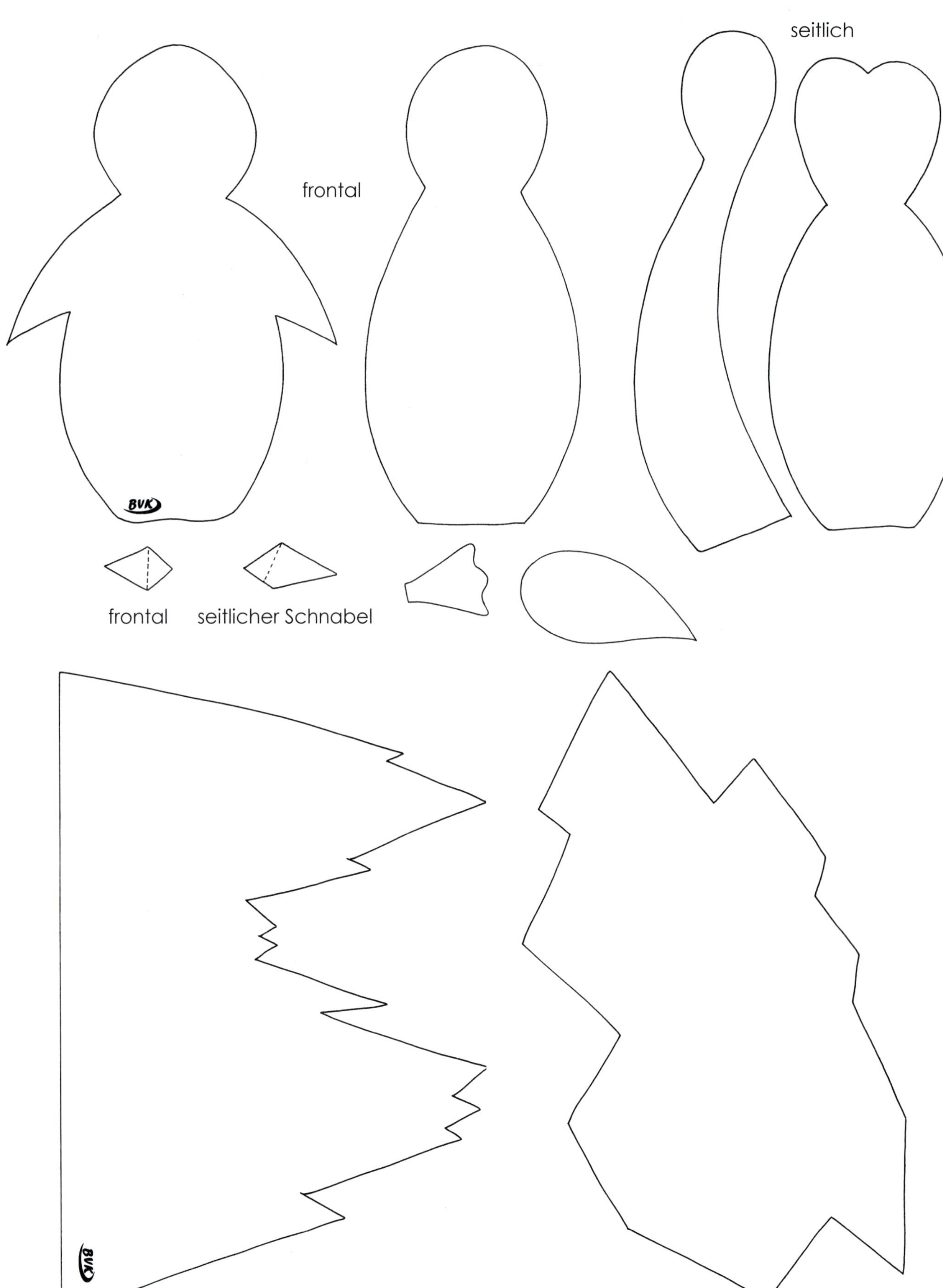

Kopiervorlage „Tanzende Schneemänner“ (zu S. 23)

Kopiervorlage „Festliche Tannenbäume“ (zu S. 29)

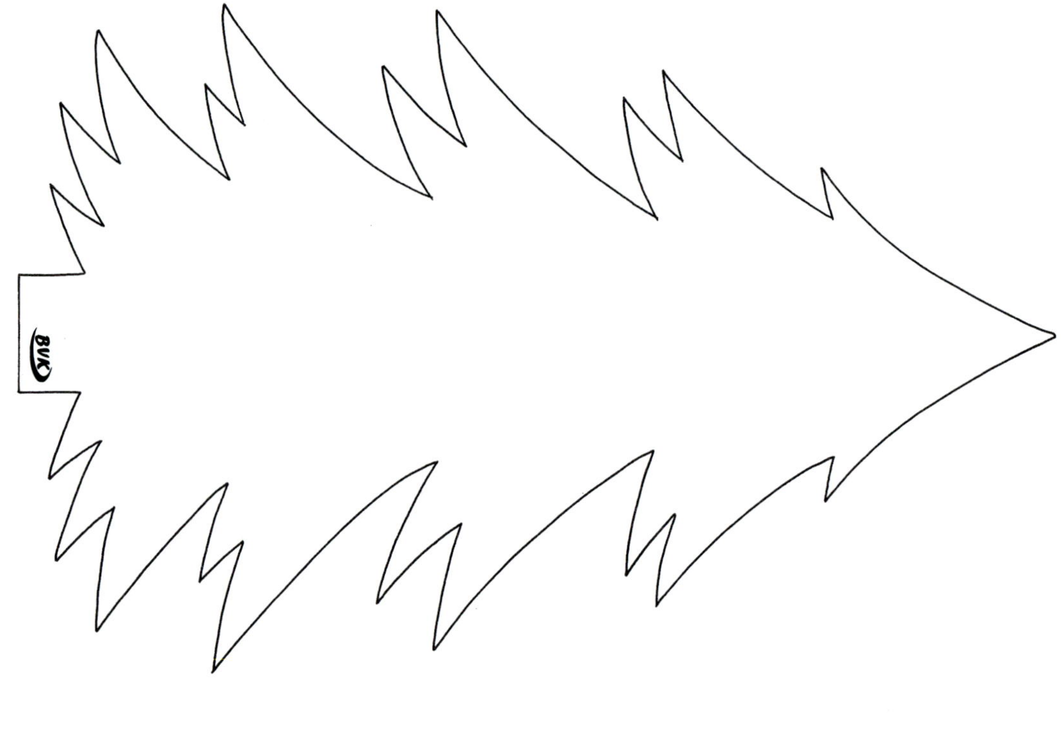

Kopiervorlage „Weihnachtliche Krippe (1)“ (zu S. 32)

BVK KI95 • Andrea Wegener • Kita kreativ: Kunterbunte Kita-Räume – Herbst & Winter

Kopiervorlage „Weihnachtliche Krippe (2)“ (ZU S. 32)

BVK KI95 • Andrea Wegener • Kita kreativ: Kunterbunte Kita-Räume – Herbst & Winter

Kopiervorlage „Winterliche Stadt (1)" (zu S. 34)

Kopiervorlage „Winterliche Stadt (2)“ (zu S. 34)

Kopiervorlage „Winterliche Stadt (3)“ (zu S. 34)

Kopiervorlage „Faschings-Polonaise (1)“ (zu S. 37)

Grundform

Diese Grundform ist die Basis für alle Figuren. Der Ärmel wird mit Ausnahme des Piraten und der Prinzessin für alle Figuren eingesetzt.

Clown

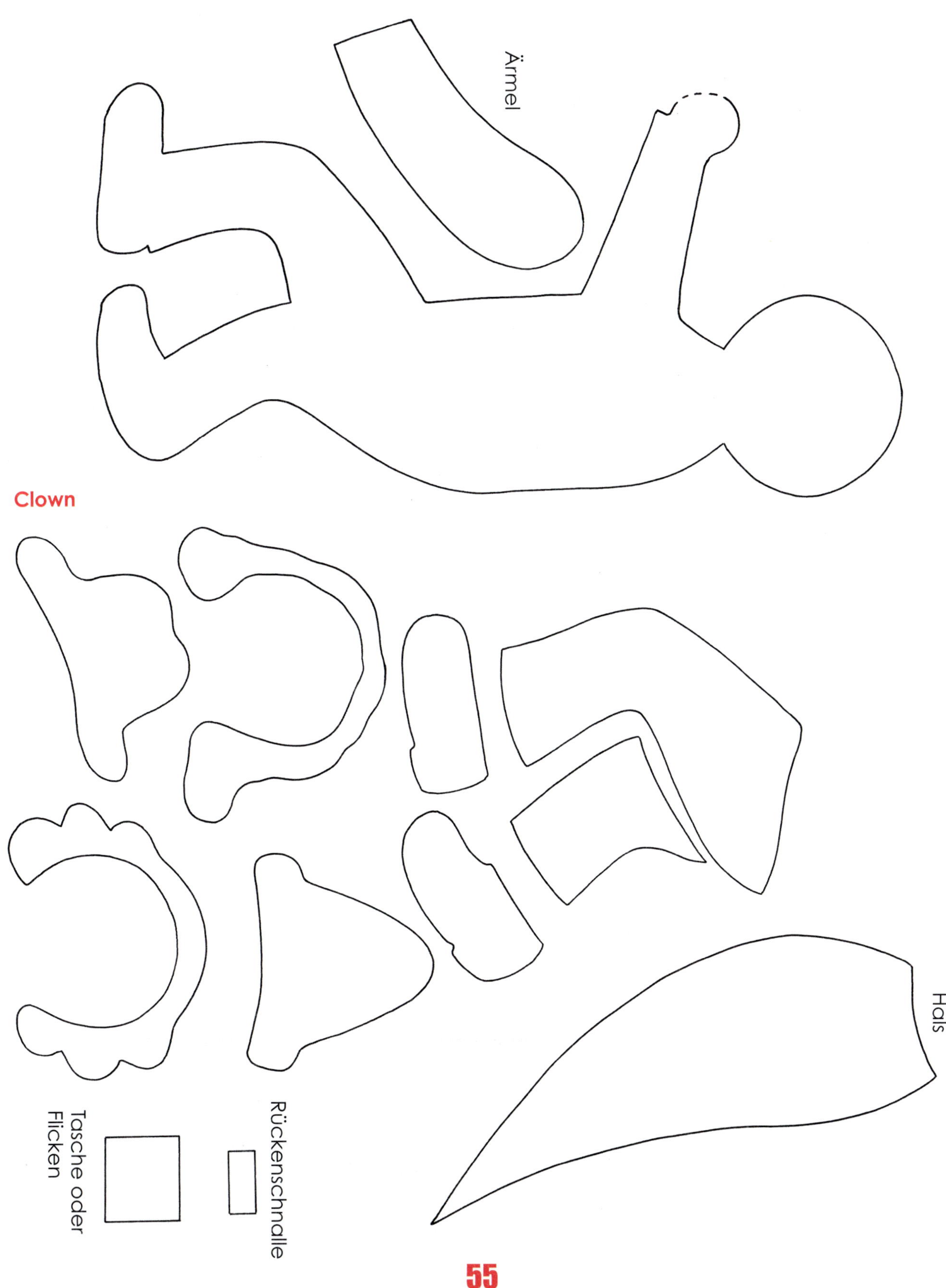

Kopiervorlage „Faschings-Polonaise (2)“ (zu S. 37)

Indianer

Pirat

Kopiervorlage „Faschings-Polonaise (3)“ (zu S. 37)

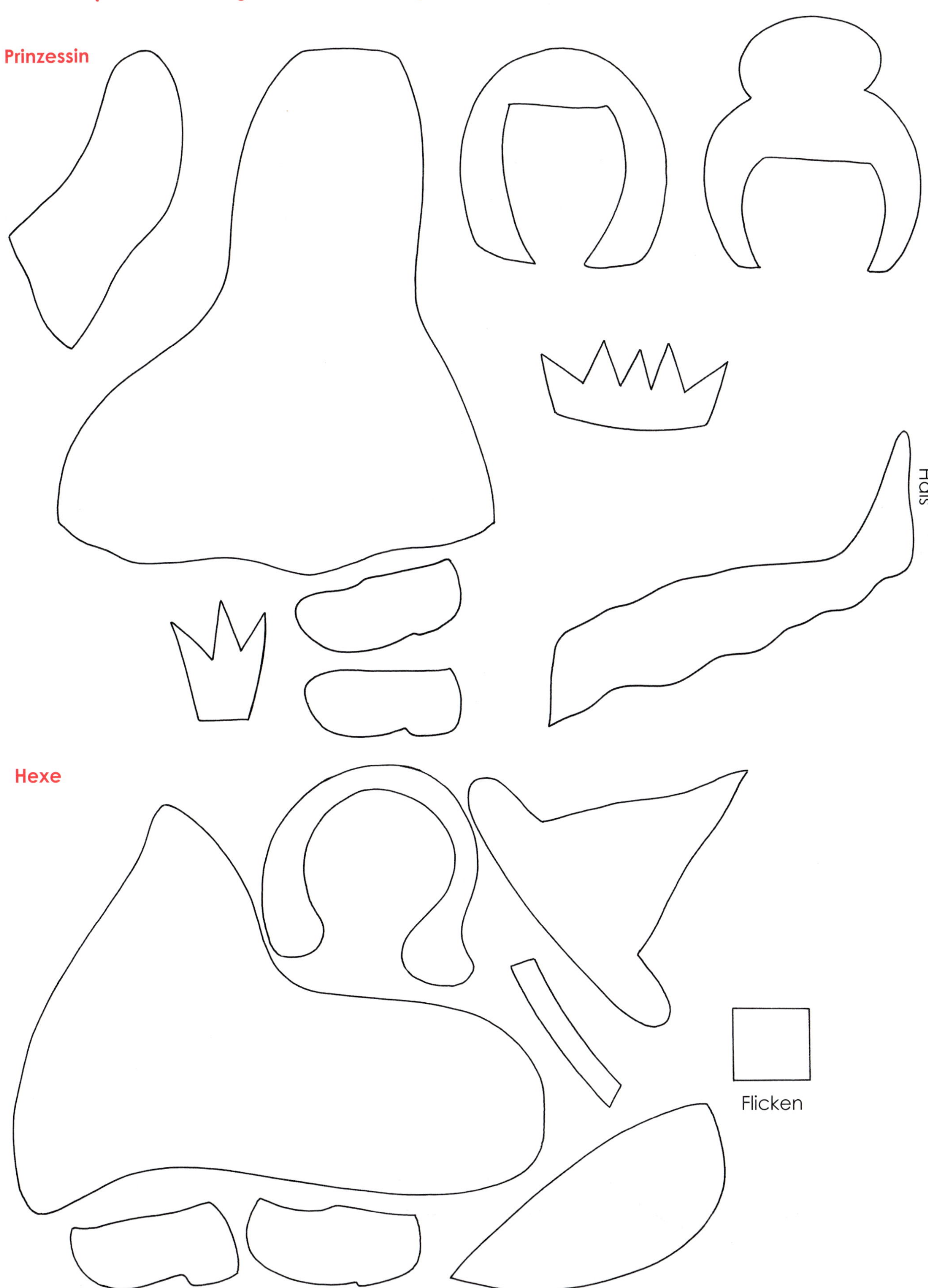

BVK KI95 • Andrea Wegener • Kita kreativ: Kunterbunte Kita-Räume – Herbst & Winter

Kopiervorlage „Faschings-Polonaise (4)“ (zu S. 37)

Kopiervorlage „Faschings-Polonaise (5)“ (zu S. 37)

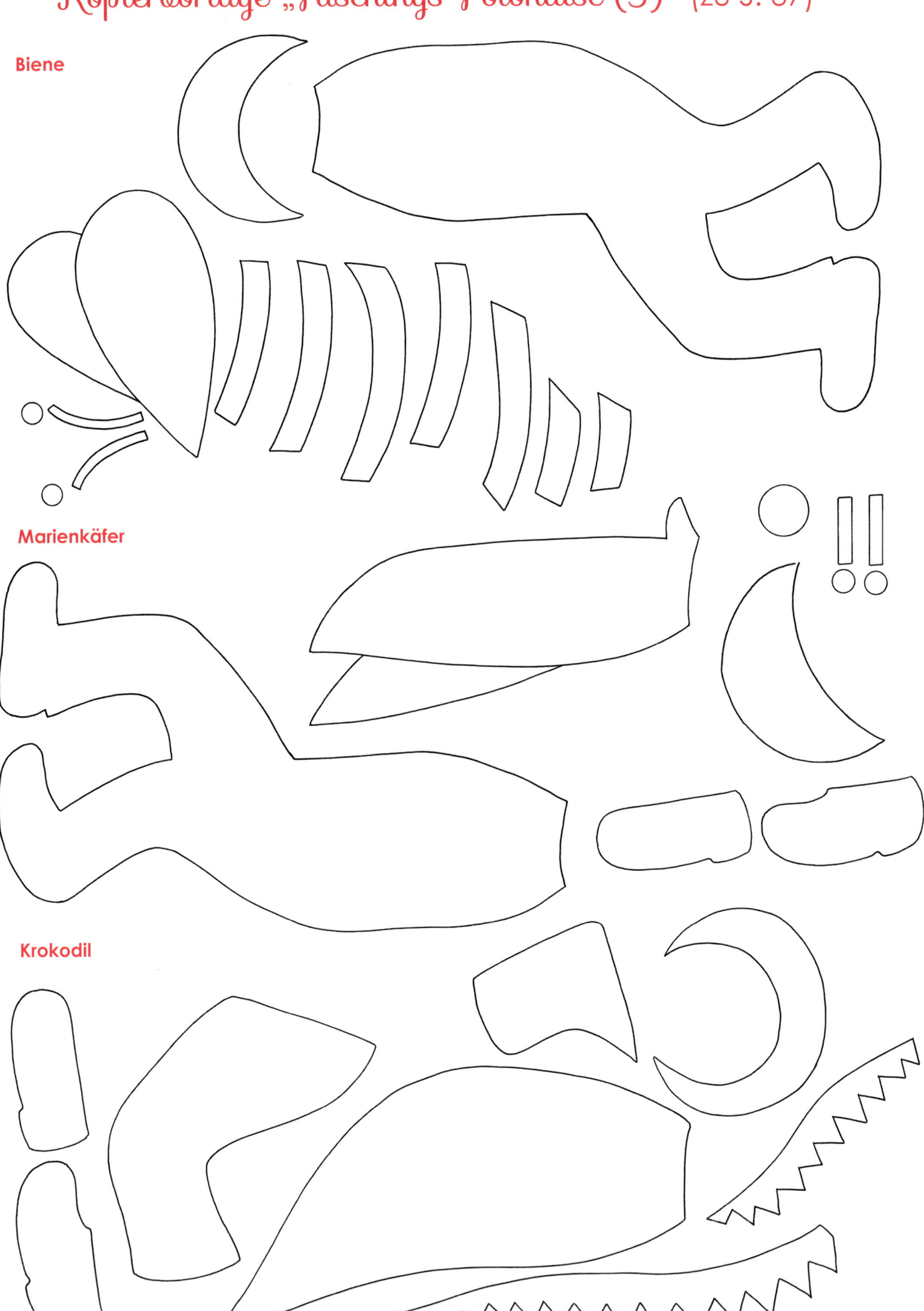

Kopiervorlage „Faschings-Polonaise (6)“ (zu S. 37)

Katze

Zauberer

BVK KI95 • Andrea Wegener • Kita kreativ: Kunterbunte Kita-Räume – Herbst & Winter